AF329321

<table>
<tr>
<td>L'industrie et le commerce font la richesse des nations.
(Colbert.)</td>
<td>1847</td>
<td>L'agriculture et l'ordre guérissent les maux de l'État.
(Sully.)</td>
</tr>
</table>

— ❁ —

APPEL AUX MAITRES

Ainsi qu'aux Ouvriers

ET EMPLOYÉS DE L'INDUSTRIE,

DU COMMERCE ET DE L'AGRICULTURE,

OU

MOYEN D'AMÉLIORER LE SORT DE LA CLASSE LABORIEUSE,

PAR J. CHAMBON,

TAILLEUR,

Professeur de Coupe,

Rue Sartine, N. 1,

Près la Halle au Blé.

— ❁ —

<table>
<tr>
<td>Celui qui ne pense que pour lui n'est pas digne de vivre.
(Jésus-Christ.)</td>
<td>1847</td>
<td>Celui qui ne veut pas travailler ne doit pas manger.
(Saint-Paul.)</td>
</tr>
</table>

APPEL AUX MAITRES

AINSI QU'AUX OUVRIERS

Et Employés

DE L'INDUSTRIE, DU COMMERCE

ET DE L'AGRICULTURE.

Messieurs,

Dans le siècle éclairé où nous vivons, il est de toute nécessité d'en donner une preuve éclatante en fondant des maisons destinées à recevoir les invalides ouvriers et employés de l'industrie, du commerce et de l'agriculture, tant par l'âge que par les infirmités, et ceux des maîtres, qui devenus âgés ou infirmes, seraient tombés dans l'infortune et réduits à la misère ; je dis les invalides ouvriers parce que dans l'état actuel de l'Europe et de la civilisation il doit y avoir et il y a assimilation parfaite entre le soldat et l'ouvrier : le soldat est l'ouvrier de la guerre, l'ouvrier est le soldat de la paix ; le premier risque sa vie pour le pays dans sa lutte avec l'étranger, le second donne sa vie et l'use et la dépense tous les jours au profit de tous dans sa lutte avec la matière ; il y a plus d'héroïsme dans le labeur du soldat, lequel implique la discipline, il y a plus d'intelligence dans le labeur de l'ouvrier lequel réclame la liberté. Mais tous les deux, l'ouvrier comme le soldat, travaillent à la civilisation ; l'un en protégeant et en agrandissant le territoire national, l'autre en le fécondant, en le cultivant et en le dotant de toutes les richesses de l'agriculture et de l'industrie.

Dans l'état actuel des choses, le soldat, serviteur de la patrie dans sa carrière honorable, quand il est atteint par l'infirmité ou par la vieillesse est au moins sûr de trouver un asile, c'est une bien grande consolation pour lui ; mais l'ouvrier ou l'employé serviteur de l'industrie du commerce et de l'agriculture, instrument de leur prospérité dans sa vie de tribulations, de travaux pénibles et de privations, quand il devient infirme ou vieux que peut-il attendre ? la misère plus ou moins grande, c'est là sa récompense; pour consolation, il y a dit-on des hospices où l'infirmité et la vieillesse sont admises, oui, sans doute, mais la population est si grande, l'infirmité et la vieillesse si nombreuses qu'il n'y a place que pour une faible partie. Que

devient donc le plus grand nombre ? tout le monde
le sait, c'est pourquoi je m'abstiens d'en faire ici
le tableau. Puisqu'on a fondé l'Hôtel des Invalides
et la Légion-d'Honneur, pour honorer, récompenser
et abriter l'ouvrier de la guerre, puisqu'on a de
même fondé la Société d'encouragement et voté la
loi sur les Brevets d'invention, pour encourager et
protéger le soldat de la paix, on devrait aussi fonder des maisons où ce dernier pourrait recevoir
les soins et les secours que réclament l'infirmité
et la vieillesse ; l'industrie, le commerce et l'agriculture devraient faire pour leurs serviteurs ce que
l'État fait pour les siens depuis si longtemps et qui
produit un si bon effet. Ce serait un grand pas
vers le progrès, et pour bien s'en faire une idée, il
faut considérer l'avantage qu'il y aurait à ce que les
secours fussent divisés, distribués aux infirmes et aux

vieillards par les bureaux de bienfaisance et les aumônes faites par la Société fussent réunis ensemble, combien de milliers de malheureux, qui sont forcés de traîner leur existence accablés sous le poids de l'infirmité ou de la vieillesse, mal nourris, mal vêtus et mal logés, couchés sur des grabats, exposés aux rigueurs des saisons ; quelle économie il y aurait à ce qu'ils fussent tous réunis dans des maisons spéciales (1). Si une branche d'industrie montrait l'exemple à Paris, elle serait bientôt imitée par toutes les autres, et Paris serait aussi

(1) Si on veut supposer 50,000 malheureux, vieillards ou infirmes occupant chacun un mauvais galetas au sixième ou au septième étage, à raison de 60 francs par an, cela fera 3,000,000 de francs ; on peut juger de l'économie qu'il y aurait dans le loyer et de la plus grande économie encore qu'il y aurait dans la nourriture, etc. Mais ce ne sont pas toutes ces économies qui doivent le plus fixer notre attention, on doit considérer com-

bientôt imité par les départements et alors par toute la France; l'infirmité et vieillesse se trouveraient exemptées de la misère et de tant de maux auxquels elles sont assujetties; le Français a bon cœur et si de tels établissements existaient ils seraient bientôt pourvus de ressources immenses ; chacun y apporterait son offrande, les uns pour leurs pères, les autres pour leurs frères, d'autres pour leurs parents ou amis, et ils ne seraient sans doute pas sans fixer l'attention des personnes riches et généreuses; combien d'entre elles avant de descendre dans la tombe y jetteraient un dernier regard en se rappelant qu'un bienfait n'est jamais perdu.

bien cela adoucirait le sort d'une classe si malheureuse ; il ne faut pas oublier que parmi les serviteurs de l'agriculture, du commerce et de l'industrie, il s'en trouve un grand nombre qui ont aussi servi la patrie ; l'État ne se montrerait sans doute pas indifférent à ces considérations.

Je le répète, ce serait un grand pas vers le progrès ; mais il y en aurait encore un autre à faire, après avoir soulagé les maux de l'infirmité et de la vieillesse, il faudrait aussi songer à ceux qui ne sont ni infirmes ni vieux. Ici, si le mal est moins grand du côté physique, en compensation, il l'est beaucoup plus du côté moral ; on sait qu'il y a des époques dans l'année où l'industrie, le commerce et les travaux de l'agriculture éprouvent un grand ralentissement et qu'alors il faut qu'il y ait une partie des ouvriers et employés qui chôment. Ce n'est donc pas leur faute s'ils ne sont pas occupés; quand un ouvrier ou un employé se trouve sans occupation et sans argent, il est toujours rejeté de ses connaissances parce qu'il est dans la peine, on lui refuse la nourriture et le logement parce qu'il ne peut plus payer, alors il se trouve

forcé (comme on dit vulgairement) de battre le
pavé et dans cette situation critique, il n'est jamais
sans en rencontrer quelques autres qui se trouvent
dans la même position, c'est là ensemble, dans leur
misère commune, qu'ils projettent, qu'ils forment
des complots, et de batteurs de pavé excités l'un
par l'autre, ils sont bientôt devenus rôdeurs, et ils
montent ainsi de degrés en degrés jusqu'à ce qu'ils
aient trouvé des places soit à Toulon ou à Brest.
Ils menaient une vie honnête, ils l'auraient conti-
nuée sans doute, mais poussés par le besoin, ils se
sont trouvés forcés de devenir vagabonds; ils
avaient faim, et (comme dit le proverbe) la faim
mène le loup hors du bois. Si c'est un père de
famille qui se trouve sans ouvrage ou sans emploi
ou bien qui soit malade, à quoi sont exposés sa
femme et ses enfants? on a vu souvent des femmes

d'ouvriers et d'employés forcées par la misère à s'écarter de leur devoir.

Un soir (à Lyon) une femme se présente à moi en me demandant si je pouvais lui donner quelque chose ; ses enfants et elle se trouvaient dans le plus grand des besoins. Voulant me convaincre de la vérité, je la suivis chez elle: il est impossible de voir une plus grande misère : c'était dans le cœur de l'hiver, ses trois pauvres petits enfants étaient presque nus accroupis avec un air souffrant autour d'un misérable feu fait avec des morceaux de bois pourri qu'elle avait ramassés au bord de la rivière, elle me dit que son mari et elle s'étant trouvés sans occupation, ils avaient été obligés de se nourrir pendant plusieurs mois avec du pain bis et du fromage blanc parce que c'était ce qu'il y avait de meilleur marché à Lyon et qu'ensuite son mari était tombé malade de chagrin et de privation; qu'il était à l'hôpital et que depuis cette époque l'hiver étant venu, n'ayant plus aucune ressource et ne sachant de quel côté se tourner pour ne pas laisser mourir de faim ses enfants, elle avait été forcée de prendre le parti qu'elle avait pris; il y a pourtant, dit-elle, des hommes qui sont assez lâches pour profiter de ma misère parce qu'ils me voient jeune, sans doute ; le plus souvent je les repousse, mais parfois je suis bien obligée de céder, parce que mes enfants ont faim. Il y en a bien d'autres, dit-elle, qui se trouvent dans la même position; malheureusement ou plutôt heureusement reprit, elle, car si j'étais la seule, j'attacherais mes enfants autour de moi avec une corde et je me précipiterais dans le Rhône.

Cette femme était la femme d'un employé dans

la soierie. Je pense que l'industrie de la soie, comme toutes les autres, avec une organisation, pourrait améliorer le sort de ses serviteurs ; une bonne organisation amènerait l'ordre et l'économie, et par le moyen de l'ordre et de l'économie, l'industrie, le commerce et l'agriculture sont à même de pouvoir suffisamment satisfaire aux besoins de tous ceux qui les font ou qui les ont fait prospérer. Nos pères nous ont donné une preuve du bon résultat qu'amènerait le système de fonder des maisons destinées aux soins et au secours de la classe laborieuse. Par cette grande pensée, que nous appelons l'Hôtel des Invalides, ceux qui ont eu cette noble idée ne se seraient sans doute pas arrêtés à ce premier pas, s'ils avaient eu le temps d'aller plus loin ; mais comme on ne peut pas tout faire à la fois, la faute ne retombe pas sur eux, mais sur leurs successeurs, parce qu'ils n'ont pas suivi leur exemple. Ainsi donc il est de notre devoir d'achever cette grande œuvre, depuis si longtemps commencée : ce qu'eux ont fait pour les serviteurs de la patrie, nous devons le faire, nous, pour ceux qui servent l'agriculture, le commerce et l'industrie.

J. CHAMBON.

Les personnes qui se trouveront munies du présent appel sont priées de le propager autant que possible, afin qu'il puisse obtenir un bon et prompt succès, car la France a fait halte assez longtemps : il est temps que les penseurs et les travailleurs donnent le signal et qu'on se remette en marche de toutes parts vers les idées de l'avenir !

Typ, SOUPE, 18—20, pass. du Ponceau.